CATALOGUE
DE LIVRES
GRAVURES ET VIGNETTES

DONT LA VENTE AURA LIEU

Le Samedi 10 *Avril* 1880, *à* 2 *heures précises*

Hôtel des Commissaires-Priseurs, Rue Drouot

Salle n° 4

Par le ministère de M° Maurice DELESTRE, commissaire-priseur

Successeur de M. Delbergue-Cormont

Rue Drouot, 27.

Gravures de Boilly, Debucourt, Fragonard, Moreau le Jeune, Queverdo. — Les Promenades de Paris, 2 vol. in-fol. — Blondel, Maisons de plaisance. — Boccace, 5 vol. in-8. — Bossuet. *Éditions originales.* — Corneille, 12 vol. et album, grand papier. — Du Cerceau. — Entrée de Mgr François à Anvers. — Gravelot. Iconologie. — Livres d'heures, sur vélin. — Figures sur les troubles de Flandre. — La Fontaine, 1762. — Peintures de Pompéi. — Renaudot, Gazette de France et extraordinaires, 1638-58. — Heures de Jehan Foucquet. — Le Pautre. — La Fosse. — Arts industriels. — Blason des couleurs, gothique. — Froissart, 4 tomes en 3 vol. in-fol. goth.

PARIS

ADOLPHE LABITTE

LIBRAIRE DE LA BIBLIOTHÈQUE NATIONALE

4, rue de Lille, 4

—

1880

CATALOGUE
DE LIVRES
GRAVURES ET VIGNETTES

DONT LA VENTE AURA LIEU

Le Samedi 10 Avril 1880, à 2 heures précises

Hôtel des Commissaires-Priseurs, Rue Drouot

Salle n° 4

Par le ministère de Me Maurice DELESTRE, commissaire-priseur

Successeur de M. DELBERGUE-CORMONT

Rue Drouot, 27.

Gravures de Boilly, Debucourt, Fragonard, Moreau le Jeune, Queverdo. — Les Promenades de Paris, 2 vol. in-fol. — Blondel, Maisons de plaisance. — Boccace, 5 vol. in-8. — Bossuet. *Éditions originales.* — Corneille, 12 vol. et album, grand papier. — Du Cerceau. — Entrée de Mgr François à Anvers. — Gravelot. Iconologie. — Livres d'heures, sur vélin. — Figures sur les troubles de Flandre. — La Fontaine, 1762. — Peintures de Pompéi. — Renaudot, Gazette de France et extraordinaires, 1638-58. — Heures de Jehan Foucquet. — Le Pautre. — La Fosse. — Arts industriels. — Blason des couleurs, gothique. — Froissart, 4 tomes en 3 vol. in-fol. goth.

PARIS

ADOLPHE LABITTE

LIBRAIRE DE LA BIBLIOTHÈQUE NATIONALE

4, rue de Lille, 4

—

1880

CONDITIONS DE LA VENTE

1º La vente se fait au comptant.

2º Les acquéreurs paieront 5 % en sus des enchères, applicables aux frais.

3º Les articles vendus devront être collationnés sur place et dans les vingt-quatre heures de l'adjudication. Passé ce délai ou une fois sortis de la Salle de vente, ils ne seront repris pour aucune cause.

4º Il y aura exposition publique de une heure à deux heures.

On suivra l'ordre des numéros

M. Adolphe LABITTE, chargé de la vente, remplira les commissions des personnes qui ne pourraient y assister.

CATALOGUE
DE LIVRES
GRAVURES ET VIGNETTES

GRAVURES ET VIGNETTES

---

1. Arioste. Suite complète de 46 figures d'après Moreau, Eisen, Monnet, pour Roland furieux.
   Belles épreuves, à toutes marges.

2. Boilly. Première et Deuxième Scène de voleurs. 2 pièces in-fol. en largeur.
   Belles épreuves.

3. Bosio. Bal de l'Opéra. 1 pièce in-fol. en largeur.
   Épreuve noire, non terminée.

4. Debucourt. La Croisée. 1 pièce in-fol. en hauteur.
   Épreuve noire, avec marges.

5. Debucourt. La Rose mal défendue. 1 pièce in-fol. en hauteur.
   Épreuve noire, avec marges. Quelques taches.

6. **Dumont** (gravé par Al. Tardieu). *Marie-Antoinette*. 1 pièce in-fol. en hauteur.
   Très-belle épreuve avant la lettre.

7. **Duplessis**. La Suppression des moines et religieuses, ordonnée par l'empereur Joseph II dans ses États héréditaires d'Allemagne et de Hongrie, et exécutée en l'année 1782, dessinée et gravée par Duplessis, peintre d'histoire. In-fol. en largeur.
   Pièce allégorique.

8. **Fragonard** (gravé par de Launay). Dites-donc, s'il vous plaît. 1 pièce in-fol. en largeur.
   Ancienne épreuve.

8 *bis*. **La Harpe**. Tangu et Félime. Titre et 4 figures de Marillier.
   Suite complète à toute marge.

9. **Lavrince** (gravée par Vidal). La Balancoire mistérieuse (*sic*). 1 pièce in-fol. en hauteur.
   Bonne épreuve, NON ROGNÉE.

10. **Moreau le Jeune**. La Partie de wisch. 1 pièce in-folio en hauteur.
    Belle épreuve A. P. D. R. avec marges.

11. **Moreau le Jeune**. Le Souper fin. 1 pièce in-fol. en hauteur.
    Très-belle épreuve A. P. D. R., avec marges.

12. **Queverdo**. Le Sommeil interrompu. 1 pièce in-folio en largeur.
    Très-belle épreuve AVANT LA DÉDICACE ET NON ROGNÉE.

13. **Schall** (gravé par Bouillard et terminé par Dupréel). La Comparaison. 1 pièce in-fol. en largeur.
    Bonne épreuve, grandes marges.

LIVRES

14. ALCIAT. Emblemata D. A. Alciati, denuo ab ipso autore recognita ac imaginibus locupletata. *Lugduni, Math. Bonhomme*, 1550. In-8, fig. en bois et bordures variées, maroq. rouge, fil. bordure à froid, coins et milieu en or, tr. dor. (*Belle reliure de Lortic.*)

Exemplaire rempli de témoins; hauteur : 193 millimètres.

15. ALCIAT. Emblèmes. D. Alciati Emblemata... *Lugduni, apud Gulielmum Rovil.*, 1564. In-8, fig. en bois et bordure à chaque page, maroq. rouge, fil. bordure à froid, coins en or, tr. dor. (*Lortic.*)

Très-bel exemplaire d'une hauteur de 188 millim. Témoins.

16. ALPHAND. Les Promenades de Paris, histoire, description des embellissements, dépenses de création et d'entretien des bois de Boulogne et de Vincennes, Champs-Elysées, parcs, squares, boulevards, places plantées. *Paris, J. Rothschid*, 1867. 2 vol. gr. in-fol. dont un de texte et un de planches, demi-rel. mar. vert foncé, tête dor. n. rog.

Publication de luxe, illustrée d'un grand nombre de gravures sur acier, de chromolithographies et de gravures sur bois.

17. BARBIER (Aug.). Iambes. *Paris, Urbain Canel et Ad. Guyot*, 1832. In-8, demi-rel. mar. vert clair, tr. sup. dor. n. rog.

PREMIÈRE ÉDITION.

18. BARTHÉLEMY ET MÉRY. Une soirée chez M. de Peyronnet, 1827. — Waterloo. Au général Bourmont, 1829. — L'Insurrection, poëme, 1830

(*avec un envoi signé à M. Duvert*). — Ma Justification, 1832. Ens. 4 broch. in-8, n. rog.

PREMIÈRE ÉDITION.

19. BERNARDIN DE SAINT-PIERRE. Paul et Virginie, édition Curmer, 2 figures. — Le Portrait du docteur, par Meissonier, *épreuve sur chine*, et la Brahmine, AVEC L'ÉTOILE, *épreuve sur chine*.

20. BERNARDIN DE SAINT-PIERRE. Paul et Virginie, suivi de la Chaumière indienne, etc. *A Paris, chez Méquignon-Marvis*, 1823. Gr. in-8, demi-rel. mar. viol. n. rog. (*Thouvenin*.)

Exemplaire en GRAND PAPIER VÉLIN, figures de Desenne AVANT LA LETTRE.

21. BÉRANGER. Chansons, 1821. — Chansons nouvelles, 1825. — Chansons inédites, 1828. 4 vol. — Procès fait aux chansons, avec le réquisitoire de Mᵉ Marchangy; le Plaidoyer de Mᵉ Dupin; l'Arrêt de renvoi et d'autres pièces. *Paris*, 1821. 1 vol. Ens. 5 vol. in-12, v. jasp. dent.

22. BION ET MOSCHUS. Idylles, traduites en français par J.-B. Gail. *A Paris, de l'impr. de Didot jeune, l'an troisième*. In-8, br. n. rog.

Ouvrage orné d'un portrait et des 3 vignettes de Le Barbier. ÉPREUVES AVANT LA LETTRE.

23. BITAUBÉ. Joseph. *A Paris, de l'imprimerie de Didot l'aîné*, 1786. 2 tomes en 1 vol. in-16, figures de Marillier, demi-rel. v. antiq. n. rog.

24. BLONDEL. De la Distribution des maisons de plaisance et de la décoration en général. *Paris, Joubert*, 1737. 2 vol. in-4, veau.

Très-recherché à cause des belles planches de décoration d'intérieurs.

25. BOCCACE. Il Decamerone di M. Giovanni Boccaccio. *Londra (Parigi)*, 1757. 5 vol. in-8, fig. de Gravelot, vél. dos orné, tr. dor.

Bel exemplaire, malgré un petit timbre sec au titre, facile à enlever. Brillantes épreuves.

26. Bocchius. Descriptio publicæ gratulationis, spectaculorum et ludorum, in adventu... Ernesti, archiducis Austriæ, ducis Burgundiæ... an. 1594.,. Antverpiæ editorum. *Antverpiæ, ex officina Plan. tiniana,* 1595. Gr. in-fol. mar. bleu, fil. tr. dor. (*Petit.*)

Bel ouvrage, orné de 2 frontispices et de 33 belles planches gravées par P. van der Borcht.

27. Boettiger. Sabine, ou Matinée d'une dame romaine à sa toilette à la fin du premier siècle de l'ère chrétienne, traduit de l'allemand (par Clapier). *A Paris, chez Maradan,* 1813. In-8, gravures au trait, demi-rel. avec coins v. antiq. tr. marbr.

28. Boileau-Despréaux. OEuvres choisies. *A Amsterdam,* 1777. 2 vol. in-18, portrait de Boileau gravé par N. de Launay. v. éc. fil. tr. dor. (*Armoiries sur les plats.*)

29. Bonnardot (A.). Études archéologiques sur les anciens plans de Paris des XVIe, XVIIe et XVIIIe siècles. *Paris, Deflorenne,* 1851. In-4, demi-rel. v. f. tr. jasp.

Cet ouvrage a été tiré à très-petit nombre.

30. Bossuet. Élévation à Dieu sur tous les mystères de la religion chrétienne. *A Paris, chez Jean Mariette,* 1727. 2 vol. in-12, mar. la Vall. jans. dent. int. tr. dor. (*R. Petit.*)

ÉDITION ORIGINALE.

31. Bossuet (J.-B.). Explicat. de la prophét. d'Isaïe et du psaume XXI. *Paris, chez Anisson,* 1704. In-12, veau fauve antiq. dos orné.

Édition originale du dernier ouvrage que Bossuet ait fait paraître.

32. Bossuet (J.-B.). Histoire des variations des Églises protestantes. *A Paris, chez la veuve de Séb. Mabre-Cramoisy,* 1688. 2 vol. in-4, mar.

rouge, dos orné, fil. sur les plats, dent. int. tr. dor. (*R. Petit.*)

ÉDITION ORIGINALE. On a ajouté à cette édition les portraits de Luther et de Bucer. Tirage ancien.

33. BOSSUET (J.-B.). Lettres spirituelles à une de ses pénitentes. *Paris, chez Desaint et Saillant*, 1746. In-12, mar. la Vall. jans. dent. int. tr. dor. (*Petit.*)

Edition originale.

34. BOSSUET (J.-B.). Maximes et Réflexions sur la comédie. *Paris, chez Jean Anisson*, 1694. In-12, mar. bleu jans. dent. int. tr. dor. (*R. Petit.*)

ÉDITION ORIGINALE.

35. BOSSUET (J.-B.). Traité du Libre Arbitre et de la Concupiscence. *Paris, chez Barthélemy Alix*, 1721. In-12, veau fauve antiq.

ÉDITION ORIGINALE.

36. BOSSUET. Traitez du Libre Arbitre et de la Concupiscence. *A Paris, chez Barthélemy Alix*, 1731. In-12, v. brun.

ÉDITION ORIGINALE.

37. BOULANGER DE RIVERY. Fables et Contes. *A Paris, chez Duchesne*, 1754. In-12, fleuron sur le titre et 3 jolies vignettes dessinées et gravées par Eisen, v. gran.

38. BRAZIER (N.). Chroniques des petits théâtres de Paris depuis leur création jusqu'à ce jour. *Paris, Allardin*, 1837. 2 tomes en 1 vol. in-8, demi-rel. v. viol. n. rogn.

39. BRILLAT-SAVARIN. Physiologie du goût, ou Méditations de gastronomie transcendante, par un professeur (Brillat-Savarin). *Paris, Sautelet*, 1826. 2 vol. in-8, demi-rel. mar. orange, dos orné, fil. tr. sup. dor. éb. (*Thivet.*)

Bel exemplaire de la PREMIÈRE ÉDITION.

40. Briseux. Traité du Beau essentiel dans les arts, appliqué particulièrement à l'architecture. *Paris, chez l'auteur*, 1752. 2 vol. gr. in-4, texte gravé et nombreuses planches, demi-rel. bas.

Ouvrage rare et recherché.

41. Bruys d'Ouilly. Thérèse, roman en vers, avec épître inédite de Lamartine. *Paris, Bonnaire*, 1836. In-8, broché, couverture imprimée.

Première édition.

42. Cabanon (Émile). Un Roman pour les cuisinières. *Paris, Eug. Renduel*, 1834. In-8, br.

Romantique excessivement rare.
Bel exemplaire neuf avec la couverture imprimée, mais sans la vignette.

43. Calliat (V.). Parallèle des maisons de Paris construites depuis 1830 jusqu'à nos jours, dessiné et publié par Victor Calliat, architecte. *Paris, B. Bance*, 1850. 2 vol. in-fol. contenant 243 pl. cart.

44. Campistron. OEuvres. *A Amsterdam, chez Ét. Valat*, 1722. 2 vol. pet. in-12, fig. mar. bleu, comp. tr. dor. (*Simier.*)

Joli exemplaire provenant de la vente de Pixerécourt, et portant son ex-libris.

45. Carlier (Th.). Études. *Paris, A. Cordier et J. Ledoyen*, 1838. In-8, br. couverture imprimée.

Première édition; rare.

46. Cazotte. Ollivier, poëme. *A Paris, de l'impr. de Pierre Didot l'aîné*, 1798. 2 vol. in-18, fig. mar. rouge, dos orné, fil. dent. int. tr. dor. (*Perreau.*)

Exemplaire avec la suite des figures de Lefebvre, gravées par Godefroy, en double état avec et avant la lettre.

47. Cazotte. Ollivier, poëme. *A Paris, de l'impr. de Didot l'aîné, an VI*, 1798. 2 vol. in-18, figures de Lefebvre gravées par Godefroy v. rac. dent. tr. dor.

48. Chamfort. Contes à rire d'un nouveau genre et des plus amusans. *A Saverne*, 1777. 2 tomes en un vol. in-16, 2 fig. non signées, cart.

49. Chapelle et Bachaumont. Voyage. *A Genève (Cazin)*. In-18, frontispice de Marillier, gravé par H. de Launay, broché, non rogné.

50. Chaulieu. OEuvres. *A la Haye, et se trouve à Paris, chez Cl. Bleuet*, 1774. 2 vol. in-8, 2 portraits, dont un d'ajouté, v. fauve antiq. fil.
Très-bel exemplaire.

51. Chevigné (le comte Louis de). Les Contes rémois, dessins de E. Meissonier. *Paris, Michel Lévy fr.*, 1861. In-12, vignettes gravées, demi-rel. avec coins mar. gris, fil. tête dor. éb.

52. Chevigné. Les Contes rémois, dessins de E. Meissonier. *Paris, Michel Lévy fr.*, 1861. In-12, broché.

53. Choderlos de Laclos. Les Liaisons dangereuses. *Londres (Paris)*, 1796. 2 vol. in-8, figures de Monnet, v. gran.
Belles épreuves des figures.

54. Choderlos de Laclos. Les Liaisons dangereuses, par C. de L... *Paris, Parmentier*, 1823. 2 vol. in-12, orn. de fig. par Ambr. Tardieu, veau fauve, tr. marbr. (*Thouvenin jeune.*)

55. Colet (L.). Les Chants des vaincus, poésies nouvelles. *Paris, René*, 1846. In-8, broché.
Première édition.

56. Corneille (P.). OEuvres. Nouvelle édition, revue sur les plus anciennes impressions et les autographes, et augmentée de morceaux inédits, des variantes, de notices, de notes, d'un lexique des mots et locutions remarquables, d'un portrait, d'un fac-similé, etc., par M. Ch. Marty-Laveaux.

Paris, L. Hachette, 1862. 12 vol. et album gr. in-8, demi-rel. mar. rouge, dos orné, fil. tr. sup. dor. éb. (*Thivet.*)

De la collection des *Grands Écrivains* de la France.
Exemplaire sur GRAND PAPIER VÉLIN.

57. CRÉBILLON. Suite complète de Monnet, gravée par Delignon. Portrait et 18 figures in-8, dont 9 sont *avant la lettre.*

57 *bis*. D'ARNAUD. OEuvres de d'Arnaud. *Paris, Laporte*, 1795. 12 vol. in-8, v. rac. dent. tr. dorée.

Ces 12 volumes contiennent les historiettes, nouvelles et contes suivants : Zénothemis, Bazile, Lorezzo, Liebman, Rosalie, Germeuil, Maxin, Dolmanzi, Valmiers, Pauline et Suzette, Amélie, Daminville, Salisbury, Varbeck, le S. de Crequy, le Prince de Bretagne, la duchesse de Châtillon, le comte de Strafford, Eudoxie, le comte de Gleichen, Fayel, tragédie, et les Epoux malheureux.
Nombreuses figures, vignettes et culs-de-lampe par Lebarbier, Eisen et Marillier.

58. DAVID. Les Psaumes, latin et françois. *A Paris, chez Jamet Mettayer*, 1595. In-8, mar. rouge, fil. tr. dor. (*Rel. anc. avec armoiries sur les plats.*)

Frontispice gravé. En tête de la traduction se trouve le portrait d'Henri IV à genoux gravé par Léonard Gaultier.

59. DAVID. Les Psaumes, mis en rimes françoises par Clément Marot et Théodore de Bèze. *Se vend à Charenton, par Anthoine Cellier*, 1675. In-12, v. br. riches comp. à petits fers sur les plats. (*Rel. anc.*)

60. DAVID. Veridicus Christianus, auctore P. J. David Soc. Jesu. *Antverpiæ, ex officina Plantiniana*, 1601. In-4, maroq. r. du Levant, filets et fleurons aux 4 coins, dos orné, tr. dor. (*Petit.*)

Première édition, très-recherchée à cause des 103 belles gravures en taille-douce qu'elle contient. Exemplaire de la plus grande beauté.

61. DELAVIGNE. La Popularité, comédie en cinq

actes, en vers. *Paris, Delloye,* 1839. In-8, mar. rouge, dent. tr. dor.

<small>On a ajouté à cet exemplaire un portrait gravé de l'auteur.
Il y a en tête du volume un envoi autographe signé de l'auteur, et une dédicace (du même), adressée à son fils (4 pages de vers).</small>

62. DESHOULIÈRES (Mme). Poésies. Seconde édition, ornée du portrait de l'auteur. *Paris, chez Jean Villette,* 1694. In-12. — Poésies de Madame Deshoulières. Seconde partie. *Paris,* 1695. Ens. 2 parties en un vol. in-8, v. marbr. fil.

<small>Cette seconde partie, publiée par Mlle Deshoulières, est de première édition.</small>

63. DISEGNI diversi inventati e delineati da Giovanni Giardini da Forli, argentiero del Palazzo Apostolico e fonditore della Reu. Camera, intagliati da M. G. Limpach da Praga. *Roma,* 1714. 2 parties en 1 vol. in-fol. 104 planches, vél. dor.

<small>Première édition, fort rare, de ces modèles d'argenterie sacrée et profane.</small>

64. DORANGE (P. de Marseille). Poésies. *Paris, Rosa,* 1813. In-12, gravures, demi-rel. v. rose, tr. jasp.

<small>Exemplaire avec 4 pages autographes, signé de l'auteur (*Fragments traduits de l'Eneide de Virgile*).
Dorange, né en 1786, succomba à la fleur de l'âge, en 1811. Ses odes sur les batailles d'*Iéna* et de *Friedland* attirèrent sur lui l'attention.</small>

65. DORAT. Les Baisers (de Jean Second), précédés du Mois de mai. *La Haye et Paris,* 1770. In-8, titre rouge et noir, fig. d'Eisen, veau marbr. fil. tr. dor. (*Reliure originale.*)

<small>Très-bel exemplaire en GRAND PAPIER, avec très-belles épreuves. Hauteur : 219 millimètres.</small>

66. DORAT. Les Baisers, suivis du Mois de mai. *A Genève (Cazin),* 1777. In-18, frontispice gravé, n. sig. br. n. rog.

67. DU CERCEAU. De Architectura Jacobi Androuet Du Cerceau opus, quo descriptæ sunt ædificiorum quinquaginta plane dissimilium ichnographiæ.

Lutetiæ Parisiorum, e typographia Benedicti Prævotii, 1559. Gr. in-fol., 16 ff. de texte et 171 pièces sur 69 planches, mar. fauve, dent. plats et dos ornés, tr. bleue.

Première édition. Exemplaire à toutes marges, mais ayant un raccommodage à la marge blanche du titre.

68. Duchoul (Guill.). Castrametatione, Bagni antichi de i Greci e Romani, 1558. In-12, figures gr. vél. ant.

69. Durer. La Passione di N. S. Giesu Christo d'Alberto Durero di Norimberga, sposta in ottaua rima da Mauritio Moro. *Venetia, Dan. Bisuccio*, 1612. In-4, fig. en bois, cart.

Très-bel exemplaire et bonnes épreuves des planches *originales* de la Petite Passion. Le médaillon du titre, avec le portrait de Dürer, est tiré en rouge.

70. Entrée. La Joyeuse et magnifique Entrée de Monseigneur Françoys, Fils de France et frère unicque du Roy, par la grâce de Dieu, duc de Brabant, d'Anjou, Alençon, Berri, etc., en sa très-renommée ville d'Anvers. *Anvers, Chr. Plantin*, 1582. In-fol. mar. bleu, fil. fers à froid, coins et milieu dorés. (*Belle rel. de Lortic.*)

Beau et rare volume orné de 21 planches chiff. grav. dans le genre de P. van der Borcht. L'exemplaire de M. Ruggieri ne contenait que 20 estampes. Voir sur ce livre curieux la longue notice du Catal. de MM. Morgand et Fatout (n° 2446).

71. Fénelon (l'abbé de). Éducation des filles. *A Paris, chez Pierre Aubouin et Pierre Emery*, 1687. In-12, mar. rouge jans. dent. int. tr. dor. (*Dupré.*)

ÉDITION ORIGINALE.

72. Fénelon. Explication des Maximes des saints. *Paris, chez Pierre Aubouin*, 1697. In-12, mar. la Vall. jans. dent. int. tr. dor. (*R. Petit.*)

ÉDITION ORIGINALE.

73. Fénelon. Les Avantures de Télémaque, fils

d'Ulysse, par feu messire François de Salignac, de la Mothe-Fénelon. Nouvelle édition, conforme au manuscrit original, et enrichie de figures en taille-douce. *Amsterdam*, 1734. In-4, portrait et figures, maroq. bleu, fil. plats ornés, tr. dor. (*Petit.*)

Très-bel exemplaire.

74. FÉNELON. Lettres sur divers sujets concernant la religion et la métaphysique. *A Paris, chez J. Etienne*, 1718. In-12, veau antiq. mar. br.

ÉDITION ORIGINALE.

75. FLÉCHIER. Histoire du cardinal Ximénès. *Paris, chez Jean Anisson*, 1693. In-4, portrait gravé par Edelinck, veau fauve, fil. tr. dor. (*Petit.*)

ÉDITION ORIGINALE.

76. FLEURY. Les Devoirs des maîtres et des domestiques, par Cl. Fleury. *Paris, chez Pierre Aubouin*, 1688. In-12, mar. bleu jans. dent. int. tr. dor. (*R. Petit.*)

ÉDITION ORIGINALE.

77. FLEURY. Les Mœurs des Chrétiens. *Paris, chez la veuve Gervais Clouzier*, 1682. In-12, v. grau.

ÉDITION ORIGINALE.

78. FLEURY. Les Mœurs des Israélites. *Paris, chez la veuve Gervais Clouzier*, 1681. In-12, mar. bleu jans. dent. int. tr. dor. (*Petit.*)

ÉDITION ORIGINALE de ce livre.

79. FLEURY (Cl.). Traité du Choix et de la Méthode des études. *Paris, chez Aubouin*, 1686. In-12, mar. bleu jans. dent. int. tr. dor. (*R. Petit.*)

ÉDITION ORIGINALE.

80. FLORIAN. Galatée, roman pastoral, imité de Cervantes. *A Paris, de l'impr. de Didot l'aîné*, 1783. In-18, br. n. rog. frontispice de dédicace, portrait et 4 figures de Flouest.

Charmantes illustrations, très-fines.

81. Fontenelle. Histoire des Oracles. *A Paris, chez G. Luyne*, 1687. In-12, mar. brun jans. dent. int. tr. dor. (*R. Petit.*)

Édition originale.

82. Foucher (P.). Tout ou Rien. *Paris, Gustave Barba*, 1834. In-8, br. couverture imprimée.

Première édition.

83. Franquart. Pompa funebris optimi potentissimique principis Alberti Pii, archiducis Austriæ, ducis Burg., etc., veris imaginibus expressa a Jacobo Francquart. Eiusdem principis morientis vita, scriptore E. Puteano (texte en latin, espagnol, français et flamand). *Bruxellæ*, 1623. In-fol. obl. front. gr. et 64 planches, vél. fil.

Première édition, d'une grande rareté. La 47e planche, composée de 3 feuilles, est reliée à la fin du volume.

84. Furetière. Poésies diverses. *A Paris, chez Guill. de Luynes*, 1655. In-4, frontisp. gravé, mar. rouge, dos orné, filets sur les plats, dent. int. tr. dor. (*Gruel.*)

Édition originale.

85. Gautier (Th.). Les Jeune-France, romans goguenards. *Paris, Eug. Renduel*, 1833. In-8, cart. (sans frontispice).

Première édition.

86. Gavarni. L'OEuvre. Lithographies originales et Essais d'eaux-fortes et de procédés nouveaux. Catalogue raisonné par J. Armelhault et E. Bocher, orné d'un portrait inédit de Gavarni, dessiné par lui-même, et de deux lithographies et une eau-forte de cet artiste, également inédites. *Paris, libr. des Bibliophiles*, 1873. Gr. in-8, br.

87. Gessner. Idylles et poëmes champêtres, traduits de l'allemand par Huber. *Lyon*, 1762. In-8, mar.

rouge, dos orné, fil. tr. dor. (*Reliure ancienne d'une grande fraîcheur.*)

Édition originale.

88. GODEFROY (Frédéric). Lexique comparé de la langue de Corneille et de la langue du xvi° siècle en général. *Paris, Didier,* 1862. 2 vol. in-8, demi-rel. mar. rouge, dos orné, fil. tr. sup. dor. éb. (*Thivet.*)

89. GRAFFIGNY (Mme de). Lettres d'une Péruvienne, traduites du français en italien par M. Deodati, édition ornée du portrait de l'auteur, gravé par M. Gaucher, et de 6 gravures exécutées par les meilleurs artistes, d'après les dessins de M. Le Barbier l'aîné. *A Paris, de l'imprimerie de Migneret,* 1797. Gr. in-8, papier vélin, fig. v. rac. dent. tr. dor.

Bel exemplaire.

90. GRANVILLE. Scènes de la vie privée et publique des animaux, Études de mœurs. *Paris, J. Hetzel et Paulin,* 1842. 2 vol. gr. in-8, nombreuses illustrations par Granville, cart. tr. dor.

91. GRAVELOT ET COCHIN. Iconologie par figures, ou Traité complet des Allégories, Emblèmes, etc. Ouvrage utile aux artistes, aux amateurs, et pouvant servir à l'éducation des jeunes personnes. *Paris, chez Le Pan, s. d.* 4 vol. gr. in-8, 4 frontispices, 2 portraits et 202 gravures, veau rac., fil. tr. dor.

Exemplaire en grand papier, rempli de témoins. Quelques petites taches faciles à enlever.

92. GRESSET. OEuvres choisies, édition ornée de figures en taille-douce dessinées par Moreau le jeune. *De l'imprimerie de Didot jeune, à Paris, chez Saugrain, l'an deuxième.* In-16, figures, mar. rouge, comp. à losange, doublé de mar. rouge avec large dent. tr. dor. (*Bradel-Derome.*)

93. Guiraud (Alex.). Poëmes et Chants élégiaques. *Paris, Boulland et Ladvocat,* 1828. In-12, fig.

<small>Exemplaire orné de 2 gravures de Colin, gravées par Pourvoyeur, en double état, EAUX-FORTES et AVANT LA LETTRE.</small>

94. Heineken. Idée générale d'une collection complette d'estampes, avec une dissertation sur l'origine de la gravure et sur les premiers livres d'images. *Leipsic et Vienne, Kraus,* 1771. In-8, 32 planches, vél.

<small>Rare et recherché.</small>

95. Hennin. Histoire numismatique de la Révolution française, ou Description raisonnée des médailles, monnaies et autres monuments numismatiques, relatifs aux affaires de la France depuis l'ouverture des Etats-Généraux jusqu'à l'établissement du gouvernement consulaire. *Paris, J.-S. Merlin,* 1826. 2 vol. in-4, dont 1 de texte et 1 contenant 95 planches, demi-rel. avec coins mar. rouge, fil. tr. marbr.

96. Henry IV. Labyrinthe royal de l'Hercule gaulois triomphant... représenté à l'entrée triomphante de la Royne en la cité d'Avignon. *Avignon, Bramereau,* 1601. In-fol. fig. en taille-douce, maroq. rouge, trois fil. dos orné, tr. dor. (*Chambolle-Duru.*)

<small>Exemplaire avec les deux beaux portraits de Henri IV et de Marie de Médicis. Cet exemplaire s'arrête à la page 220.</small>

97. Heures. Ces présentes heures, à lusaige de Romme, furēt acheuées le xxe iour de Decēbre. Lan mil cinq cens ę deux pour Simon Vostre (marque de Pigouchet sur le titre). In-8, goth. vélin.

<small>Au verso du titre : Almanach de 1501 à 1520, 92 ff. avec sign. A-L à 8 ff., sign. M à 4 ff.
Ce beau livre d'heures est orné de 16 grandes gravures, d'une quantité de petites et de bordures variées, parmi lesquelles on remarque la Danse des morts. Toutes les initiales sont peintes en or et couleurs, mais les planches ne sont pas coloriées. Quelques taches.</small>

98. Histoire métallique de Napoléon, ou Recueil des médailles et monnaies qui ont été frappées depuis la première campagne de l'armée d'Italie jusqu'à son abdication, en 1815. *Londres,* 1819. In-4, 60 planches, demi-rel. avec coins mar. fauve, n. rog. (*Dol.*)

Exemplaire de la bibliothèque de Neuilly, provenant de la vente du roi Louis-Philippe.

99. HISTORIARUM Veteris Testamenti icones ad uiuum expressæ. Vna cum brevi, sed quoad fieri potuit, dilucida earundem et Latina et Gallica expositione. *Lugduni, sub scuto Coloniensi,* 1529. (A la fin :) *Lugduni, Melchior et Gaspar Trechsel fratres excudebant.*

Magnifique exemplaire, très-grand de marges, de la seconde édition, tout aussi rare que la première. Les épreuves des charmants bois sont superbes. Les quatrains en français sont de Gilles Corrozet.

100. HOGHENBERG. Troubles et Guerres dans les Pays-Bas, 1566. In-fol. v. br. tr. dor. gaufr.

Collection très-recherchée de planches gravées en taille-douce, et très-intéressantes sous le rapport des costumes.
Cet exemplaire se compose ainsi : 1re partie, 1566-70, 2 ff. de texte en français et 20 planches chiff.; 2e partie, 1572-76, 2 ff. de texte et 27 planches; 3e partie, 1576-77, 2 ff. de texte et 20 planches; 4e partie, 1577-79, 2 ff. de texte et 30 planches.
Le texte ne se trouve que très-rarement.

101. HOLBEIN. Icones historiarum Veteris Testamenti ad vivum expressæ, etc. (avec les quatrains français de Gilles Corrozet). *Lugduni, Joan. Frellonius,* 1547. Pet. in-4, cart.

Cette édition contient 6 gravures de plus (y compris les quatre évangélistes) que les éditions de 1538 et 1439. Charmantes épreuves de ces bois célèbres.

102. HOLBEIN. Les Simulachres et historiées faces de la mort, autant elegammet pourtraictes, que artificiellement imaginées. *A Lyon, soubz l'escu de Coloigne,* 1538. (A la fin :) *Excudebant Lugduni Melchior et Gaspar Trechsel fratres,* 1538. In-4, vél. bl.

PREMIÈRE ÉDITION de la Danse des Morts de Holbein, d'une rareté excessive. Cet exemplaire est d'une conservation parfaite, et il mesure 189 millimètres de hauteur sur 128 millimètres de largeur.

103. Horæ diue virginis Marie secundum verum usum Romanum; una cum figuris Apocalypsis post figuras biblie recenter insertis. *Parisiis, impressum anno domini millesimo quingentesimo undecimo* (1511) : *die vero quinta mensis Aprilis. Opera Thielmanni Keruer.* In-8, car. ronds, imprimé en rouge et noir, gravures sur bois et bordures à chaque page, veau.

Exemplaire de la plus grande beauté, imprimé sur vélin très-mince et très-blanc, et dont toutes les initiales sont peintes en or et couleurs. Parmi les bordures variées, on rencontre une Danse des morts COMPOSÉE DE 66 SUJETS. Sur le titre peint en miniature on trouve un écusson avec les armes d'un ancien professeur, et en dessous dans une banderole on en lit le nom : Félix de Heymenhoffen M. dostel dvdit Palatin. A la fin du volume on trouve une autre miniature représentant une sainte tenant des écussons avec des armoiries.

Ce beau livre d'Heures n'est pas cité par M. Brunet.

104. Horæ in laudem Beatissimæ Virginis Mariæ ad usum Romanum. *Lugd., apud Gulielm. Rovillium*, 1560. In-8, fig. sur bois, demi-rel. bas.

Ces Heures, très-rares, sont entourées de bordures à chaque page. Ces jolis encadrements se trouvent aux différentes éditions des emblèmes d'Alciat, des Métamorphoses d'Ovide et d'autres livres sortis des presses de M. Bonhomme à Lyon.

L'exemplaire a quelques taches et raccommodages mal faits.

105. Horæ intemerate dei genetricis virginis Marie, secundum usum ecclesie Romane. *Parisiis, Egidius Hardouin, s. a. (Almanach* de 1511 à 1521). In-12 allongé, caract. ronds, imprimé en rouge et noir, cuir de Russie, tr. dor.

Imprimé sur vélin, avec nombreuses gravures et bordures variées à chaque page. Non cité dans le *Manuel*.

106. Hugo (V.). Le Retour de l'Empereur. *Paris, Delloye*, 1840. Br. in-8 de 30 pages.

PREMIÈRE ÉDITION. Exemplaire lavé et encollé prêt pour la reliure.

107. Hugo (V.). Les Burgraves, trilogie. *Paris, E. Michaud*, 1843. In-8, en feuilles.

PREMIÈRE ÉDITION. Exemplaire lavé et encollé.

108. IMBERT. Le Jugement de Pâris, poëme en 18 chants. *Amsterdam*, 1772. In-8, fig., demi-rel. bas. rac.

<small>Exemplaire orné d'un titre, 4 figures par Moreau et 4 vignettes de Choffard.</small>

109. IMITATIO JESU CHRISTI. Incipit libellus consolatorius ad instructionem deuotorum, cuius primum capitulum est de imitatione Christi. *Per Gintherum Zainer... literis impressi ahenis (Augustæ Vindelicorum, circa* 1470). In-fol. goth. v.

<small>PREMIÈRE ÉDITION DE L'IMITATION, d'une insigne rareté. Le volume contient encore toutes les autres pièces dont M. Brunet donne une description exacte (III, col. 164). Il contient aussi le feuillet in-8, imprimé d'un seul côté et donnant la table, feuillet qui manque presque toujours (*Supplément* de Brunet, col. 629).
Un exemplaire, ainsi complet, a été vendu 1,500 fr. Didot, n° 168.</small>

110. IMITATION DE JÉSUS-CHRIST (de l'). Traduction nouvelle par le sieur de Beuil. *Paris, chez Guil. Desprez,* 1701. In-12, frontispice, mar. la Vall. doublé de mar. rouge, avec large dent. tr. dor. (*Rel. anc.*).

<small>Exemplaire réglé. La reliure est d'une grande fraîcheur.</small>

111. LABARTE (J.). Description des objets d'art qui composent la collection Debruge-Duménil. *Paris, Victor Didron,* 1847. Gr. in-8, demi-rel. avec coins cuir de Russie, dos orné, fil. n. rog.

112. LA BORDE (le comte de). Versailles ancien et moderne. *Paris, impr. d'A. Everat,* 1839. Grand in-8, nombr. vignettes gravées, cart. n. rog.

113. LACROIX (P.). Les Arts au moyen âge et à l'époque de la renaissance. *Paris, Firm.-Didot fr.,* 1869. Gr. in-8, fig. demi-rel. mar. rouge, plats toile est. dor. tr. dor.

<small>Ouvrage illustré de 17 planches chromolithographiques exécutées par F. Kellerhoven et de quatre cents gravures sur bois.
Exemplaire de PREMIER TIRAGE.</small>

114. LACROIX (P.). Mœurs, usages et costumes au moyen âge et à l'époque de la renaissance. *Paris,*

Firm.-Didot, 1871. Gr. in-8, fig. demi-rel. mar. rouge, fil. tête dor. n. rog.

<small>Ouvrage illustré de quinze planches chromolithographiques exécutées par F. Kellerhoven, et de quatre cent quarante gravures.
Exemplaire de PREMIER TIRAGE.</small>

115. Lacroix (P.). Sciences et Lettres au moyen âge et à l'époque de la renaissance, par Paul Lacroix. *Paris, Firm.-Didot*, 1877. Gr. in-8, fig. demi-rel. mar. rouge, plats toile est. dor. tr. dorée.

<small>Ouvrage illustré de treize chromolithographies et de quatre cents gravures sur bois.
Exemplaire de PREMIER TIRAGE.</small>

116. Lacroix (P.). XVIIIe siècle ; institutions, usages et costumes. France, 1700-1789. *Paris, Firm.-Didot fr.,* 1875. Gr. in-8, demi-rel. mar. rouge, plats toile est. tr. dor.

<small>Ouvrage illustré de 21 chromolithographies et de 350 gravures sur bois.
Exemplaire de PREMIER TIRAGE.</small>

117. Lacroix (P.). XVIIIe siècle. Lettres, sciences et arts. France, 1700-1789. *Paris, Firmin-Didot,* 1878. Gr. in-8, fig. demi-rel. mar. rouge, plats toile, est. dor. tr. dor.

<small>Ouvrage illustré de 16 chromolithographies et de 250 gravures sur bois, dont 20 tirées hors texte.
Exemplaire de premier tirage.</small>

118. La Farre (le marquis de). Poésies. *Genève (Cazin),* 1777. In-18, frontispice de Marillier gravé par de Launay, br. n. rog.

119. La Fontaine. Contes et Nouvelles en vers. *Amsterdam,* 1762. 2 vol. in-8, portraits et fig. d'Eisen, mar. grenat, dos orné, large dent. sur les plats, dent. int. tr. dor. (*Perreau.*)

<small>Édition dite : des FERMIERS GÉNÉRAUX. Les planches pour *la Servante justifiée, le Calendrier des vieillards, la Femme avare, On ne s'avise jamais de tout, la Coupe enchantée, le Faucon, la Clochette, Sœur Jeanne, Richard Minutolo, le Cas de Conscience (découvert),* et *le Tableau,* qui n'avaient pas été acceptées, s'y trouvent en double.</small>

120. La Fontaine. Les Amours de Psyché et de

Cupidon. *Paris, chez Defer de Maisonneuve, de l'impr. de Pierre Didot*, 1791. In-4, fig. v. éc. dos orné, dent. tr. dor.

<small>Édition ornée de figures imprimées en couleurs, d'après les tableaux de M. Schall.</small>

121. La Fontaine. Les Amours de Psyché et de Cupidon, suivies d'Adonis, poëme. *A Paris, Leclère fils (de l'impr. de Ch. Lahure)*. 2 vol. in-16, portrait et figures de Moreau, gravées par Delvaux, demi-rel. avec coins mar. bleu, tr. sup. dor. non rogné.

122. La Harpe. Tangu et Félime, poëme en IV chants. *A Paris, chez Pissot* (1780). Pet. in-8, figures, demi-rel. avec coins, mar. rouge, fil. tr. dor.

<small>Ouvrage orné d'un titre et 4 jolies figures par Marillier.</small>

123. La Motte Le Vayer. De la Vertu des Payens, seconde édition, revue et augmentée par l'auteur. *A Paris, chez Aug. Courbé*, 1647. In-4, mar. r. dos orné, comp. sur les plats, tr. dor. (*Aux armes de la maison de Bourbon.*)

124. La Monnoye. Histoire de M. Bayle et de ses ouvrages. *Amsterdam, chez Jaques Desbordes*, 1716. In-12, veau fauv. antiq.

<small>Aux armes du comte d'Hoym.</small>

125. Le Fèvre. Livret des Emblèmes, mis en rimes françoyse (par J. Le Fèvre, avec le texte latin). *Paris, Chr. Wechel*, 1536. Pet. in-8, goth. fig. en bois, mar. r. plats ornés, tr. dor. (*Belle reliure de Lortic.*)

<small>Charmant exemplaire.</small>

126. Le Fèvre. Livret des Emblemes, mis en rime françoyse (par J. Le Fèvre, avec le texte latin). *Paris, Chr. Wechel*, 1536. Pet. in-8, goth.

fig. en bois, demi-rel. avec coins, mar. fauve.

Exemplaire grand de marges.
Hauteur : 149 millimètres.
Notes manuscrites sur quelques feuillets.

127. Legouvé (G.). Le Mérite des Femmes, poëme. *A Paris, de l'imprimerie de P. Didot aîné, an IX.* In-12, br. figure.

Première édition avec la vignette gravée par Duplessis-Bertaux.

128. Lemercier (Népomucène). La Panhypocrisiade, ou le Spectacle infernal du xvi° siècle, comédie épique. *A Paris, de l'imprimerie de Firm.-Didot,* 1819-1832. 2 vol. in-8, br. (2 portraits ajoutés).

129. Le Moyne. La Gallerie des femmes fortes. *Leiden, J. Elsevier,* 1660. Pet. in-12, portr. mar. rouge, fil. dos orné, tr. dor. (*Lortic.*)

Même reliure que celle de l'exemplaire précédent, mais celui-ci n'a que 126 millimètres de hauteur. Voir, pour l'édition originale, le n° 318 de notre catalogue I.

130. Le Moyne. La Gallerie des femmes fortes, par le P. Pierre Le Moyne. *Leiden, chez Jean Elsevier, et à Paris, chez Charles Angot,* 1660. Pet. in-12, portraits, maroq. rouge, 3 filets, dos orné, tr dor. (*Belle reliure de Lortic.*)

Joli exemplaire d'une hauteur de 128 millimètres, d'un elzévir rare.

131. Lenglet-Dufresnoy (l'abbé). Tablettes chronologiques de l'Histoire universelle sacrée et profane. *Paris, de Bure l'aîné,* 1744. 2 vol. in-8, mar. vert anc. dos orné, fil. tr. dor. (*Reliure ancienne.*)

Exemplaire aux armes de la Rochefoucauld.

132. Le Sage. Le Bachelier de Salamanque. *A Paris, chez Walleyre et Gissey,* 1736-1738. 2 vol. in-12, figures en ff.

Édition originale. Bel exemplaire préparé pour la reliure.

133. Liber Psalmorum cum argumentis, paraphrasi et annotationibus. *Lutetiæ Parisiorum, apud An-*

dream Pralard, 1683. In-4, mar. rouge, dos orné, filets et fleurons sur les plats, tr. dor. (*Du Seuil.*)

134. LISTER. Voyage de Lister à Paris, en M.DCXCVII traduit pour la première fois, publié et annoté par la Société des bibliophiles françois. On y a joint des extraits des ouvrages d'Evelyn relatifs à ses voyages en France de 1648 à 1661. *A Paris, de l'imprimerie de L. Lahure*, 1873. Gr. in-8, br. papier de Hollande.

135. LOUIS XIII. Éloges et Discours sur la triomphante réception du Roy en sa ville de Paris après la réduction de la Rochelle : accompagnez des figures, tant des arcs de triomphe que des autres préparatifs. *Paris, P. Rocolet*, 1629. In-fol. fig. maroq. vert, à comp. tr. dor. (*Michel.*)

Très-recherché à cause des belles planches gravées par Firens, Bosse et Tavernier. Quelques planches remmargées.

136. LOUVET DE COUVRAY. Les Amours du chevalier de Faublas. *A Paris, chez Ambroise Tardieu*, 1821. 4 vol. in-8, figures, cart. non rognés.

Édition ornée de 8 gravures, dessinées par Collin, élève de Girodet. —Même ouvrage, même édition, demi-rel. v. rose, tr. marbr.

137. LUCRÈCE. Titi Lucretii Cari de rerum Naturâ libri sex. *Florentiæ*, 1647. In-4, avec 8 planches gravées par Balatri et une fig. à la page 148, veau brun, fil. dos orné.

Exemplaire aux premières armes de J.-A. DE THOU.

138. MALFILATRE. Narcisse dans l'isle de Vénus, poëme en quatre chants. *A Paris, chez Lejay* (1769). In-8, figures, v. antiq. marbr.

Exemplaire orné d'un titre par Eisen, gravé par de Ghendt, et 4 figures par Gabr. de Saint-Aubin, gravées par Massard.
A la fin de ce volume on a relié : *l'Art d'aimer*, par Bernard, in-8, un frontispice et 3 figures par Martini, gravés par Baquoy, Gaucher et Patus.— Phrosine et Mélidor, poëme, 4 figures d'Eisen, gravées par Baquoy et Ponce.

139. Malherbe. OEuvres choisies, avec des notes de tous les commentateurs, édition publiée par L. Parrelle. *Paris, Lefèvre*, 1825. 2 vol. in-8, portrait, br.
<small>De la collection des classiques français. Exemplaire lavé et encollé.</small>

140. Mantz (P.). Les Chefs-d'OEuvre de la peinture italienne, ouvrage contenant 20 planches chromolithographiques exécutées par J. Kellerhoven, 30 planches sur bois et 40 culs-de-lampe et lettres ornées. *Paris, Firmin-Didot fr.*, 1870. In-fol. cart. percal. verte dorée, non rogné.

141. Mavelot. Livre de différents cartouches fort recherchez, utiles à toutes sortes de personnes qui se meslent du dessin. *S. l. n. d.* In-12 (privilège de 1683), cart.
<small>30 figures gravées.</small>

142. Médailles du règne de Louis XV. *S. l. n. d.* In-4, 58 planches gravées avec texte, v. antiq. marbr.

143. Mélanges de Poésies. Environ 31 pièces reliées en 3 vol. in-8, v. gran. fil. tr. marbr.
<small>1. Épître à Thémis, suivie d'un dialogue de Pégase et de Clément et d'une épître à M. de Chamfort. — 2. De la Fatalité, par M. Fallet, 1779. — 3. L'Hiver, épître à mes livres, par M. Béranger, 1782. — 4. Les Charmes de la Retraite, par M. Clément, 1778. — Réponse d'un jeune Penseur à madame la comtesse de B***, 1774. — 6. Épître à monsieur le comte de Rivarol. — 7. Réflexions sur l'abbé Suger et son siècle, par M. l'abbé d'Espagnac, 1780. — 8. De l'Universalité de la langue française, discours qui a remporté le prix à l'Académie de Berlin, 1784. — 9. Les Sens, poëme, *frontispice de Marillier, gravé par F. de Ghendt.* — 10. Histoire de Daphné, poëme. — 11. Nouvelles OEuvres de M. de la Fargue, 1774. *Titre, figures et vignettes de Bidault.* — 12. Dorat. Lettre du comte de Comminges à sa mère, 1764. *Figures et vignettes d'Eisen.* — 13. Épître à MM. d'Alembert, Thomas et d'Arzat, 1764. — 14. L'Education publique, ode par M. Duriquet, 1786. — 15. Épître à messieurs du camp de Saint-Roch. — 16. Hymne à l'Eternel (par Nogaret). — 17. Les Bienfaits de la nuit, par André (de Murville). — 18. Le vrai Pasteur, ode par M. de Miramond, 1782. — 19. Ode sur le Mariage de Monseigneur le comte de Provence, 1771. — 20. Bouquet au Roi, ode par Gueulette de Beaufort. — 21. Les Exilés du Parnasse, satire, par M. Duchosal, 1783. — 22. La Peinture, ode. — 23. De l'Esprit de parti, dialogue, par M. de Chabanon, 1775. — 24. Louis XV mourant, poëme, 1774. — 25. L'Europe pacifiée par Louis XVI, ode, par M. Gueniot, 1785. — 26. La Destruction des vaisseaux de Fernand Cortès,</small>

poëme, par D.-Joseph-Maria-Vaca de Guzman. — 27. A Voltaire, 1779.
— 28. Vers sur Voltaire, par M. de Chabanon, 1778. — 29. Epître à Voltaire, par M. de Murville, 1779. — 30. La Dignité des gens de lettres, par M. Doigné, 1774. — 31. L'Esclavage des Américains et des Nègres, par M. de Sacy, 1775. — 32. Epître à Daphné, par M. de Saint-Ange, 1774.

144. Ménard (R.). Entretiens sur la Peinture (avec un texte anglais en regard). *Paris, libr. de l'Art (Hipp. Heymann, éditeur)*, 1875. In-4, br. papier vélin fort, titre rouge et noir, figures, br.

Publié à 75 francs.
Cet ouvrage est orné de 50 planches gravées à l'eau-forte, par Flameng, J. Jacquemart, Rajon, E. Boilvin, Martial, Am. Greux, L. Gaucherel, A. Masson, M. Lalanne, etc.

145. Ménard (R.). L'Art en Alsace-Lorraine. *Paris, libr. de l'Art*, 1876. In-4, papier vélin, figures, broché.

Cet ouvrage est orné de nombreuses figures et vignettes sur bois et gravures à l'eau-forte, exécutées sous la direction de M. Léon Gaucherel.

146. Méry. Héva. *Paris, Dumont*, 1843. 1 vol. — La Floride. *Paris, Magen*, 1846. 2 vol. — Guerre du Nizam. *Paris, Magen*, 1847. 3 vol. — Ensemble 6 vol. in-8, brochés.

Ces trois ouvrages sont en PREMIÈRE ÉDITION.

147. Montesquieu. Le Temple de Gnide, suivi d'Arsace et Isménie. *Paris, Pierre Didot l'aîné*, 1796. In-12, papier vélin, mar. rouge doublé de tabis, dent. tr. dor.

Ouvrage orné du portrait de Montesquieu, gravé en médaillon sur le titre et 13 figures de Bertaux AVANT LA LETTRE.

148. Montesquieu. OEuvres, avec les notes de tous les commentateurs. Édition publiée par L. Parrelle. *Paris, Lefèvre*, 1826. 8 vol. in-8, portrait, broché.

De la collection des classiques français. Exemplaire lavé et encollé.

148 bis. Morel-Vindé. Zélomir. *De l'imprimerie de P. Didot l'aîné. A Paris, chez Bleuet*, 1801. In-18, figures, v. vert, dent. tr. dor.

Exemplaire contenant les 6 figures de Lefèvre, gravées par Godefroy.
Épreuves en deux états différents, EAUX-FORTES et AVANT LA LETTRE.

149. Office (l') de la Semaine sainte, à l'usage de la maison du roi. *A Paris, de l'imprimerie de Jacques Colombat,* 1743. Gr. in-8, figures, mar. rouge, dos fleurdel. aux armes et au chiffre de Louis XV, avec de riches comp. sur les plats, tr. dor.

150. Parny. Poésies érotiques. *A l'Isle de Bourbon (Didot),* 1778. In-8, cart. non rogné.
<small>Première édition. Exemplaire sur papier fort.</small>

151. Pascal. Les Provinciales, ou Lettres écrites par Louis de Montalte à un provincial de ses amis et aux RR. PP. jésuites, sur le sujet de la morale et de la politique de ces Pères (par Blaise Pascal). *A Cologne, chez Pierre de la Vallée* (D. Elsevier), 1657. In-12, mar. grenat, jans. dent. int. tr. dor. (*Allo.*)
<small>Exemplaire de second tirage sous cette date.</small>

152. Pascal. Les Provinciales, etc., traduites en latin par Guillaume Wendrock, théologien de Saltzbourg, en espagnol par le sieur Gratien Cordero de Burgos, et en italien par le sieur Cosimo Brunetti, gentilhomme florentin. *A Cologne,* 1684. In-8, v. brun.

153. Pérelle. Vues et perspectives de Paris et des palais des environs. Gr. in-fol. obl. bas.
<small>114 planches, en bonnes épreuves, avec l'adresse de Nicolas de Poilly.</small>

154. Phèdre. Les Fables. *Paris, Olivier de Varennes,* 1669. In-12, frontispice et figures à mi-pages v. gran.

155. Piis (de). L'Harmonie imitative de la langue françoise, poëme en 4 chants. *A Paris, de l'imprimerie de Ph.-D. Pierre,* 1785. In-8, papier fort, portrait de A. de Piis, gravé par S. Gaucher, v. antiq. marbr.

156. Pollnitz (le baron de). La Saxe galante (ou

Histoire des Amours d'Auguste, roi de Pologne). *Amsterdam*, 1734. In-12, titre rouge avec fleuron, broch. non rogné.

157. Popelin (Claudius). Cinq Octaves de sonnets. *Paris, Alph. Lemerre*, 1875. Gr. in-8, papier bristol, texte encadré de vignettes, broché.

158. Popelin (Claudius). Les Vieux Arts du feu. *Paris, Alph. Lemerre*, 1878. In-4, papier bristol, texte encadré de filete rouges, grav. br.

159. Pradon. Les OEuvres. *Paris*, 1744. 2 vol. in-12, v. fauve antiq. fil. tr. dor. (*Derome*.)

<small>Cette édition contient les dédicaces de *Phèdre et Hippolyte* à madame la duchesse de Bouillon, celle de *Régulus* à madame la Dauphine, et celle de *la Troade* au duc d'Aumont; en outre, les préfaces, si curieuses par la vanité qu'il y montre et les louanges qu'il se donne.</small>

160. Prévost (l'abbé). Histoire de Manon Lescaut et du chevalier des Grieux. *Paris, imprimerie de Ch. Lahure, Alph. Leclère, éditeur*, 1860. 2 vol. in-12, figures de Lefèvre gravées par Coiny, mar. bleu, dos orné, large dent. sur les plats, tr. dor. (*Perreau.*)

161. Prévost. Mémoires et Aventures d'un homme de qualité qui s'est retiré du monde. *Paris, de l'imprimerie des frères Mame (stéréotype d'Herhan)*, 1808. 3 vol. in-12, papier vélin, fig. non signées, v. rac. dent. tr. dor.

162. Rabelais. La Plaisante et ioyeuse Histoire du grand geant Gargantua. *Valence, Claude La Ville*, 1547. — Second livre de Pantagruel... *Valence*, 1547. — Tiers (et quart) livre des faictz et dictz héroïques du noble Pantagruel. *Valence*, 1547. 3 vol. in-16, vél.

<small>Réimpression, très-rare encore, faite à la fin du XVIe siècle. Le premier volume contient à la fin 5 ff. blancs, et le 3e en a un également.</small>

163. Raoul-Rochette. Choix de Peintures de Pompéi, lithographiées en couleur par M. Roux, et

publiées avec l'explication archéologique de chaque peinture. *Paris, Adolphe Labitte*, 1867. Fort vol. in-fol. comprenant 321 pages de texte et 28 planches en couleur, demi-rel. mar. la Vall. tête dor. non rogné.

<small>Ouvrage complet. Première partie : *Amours des Dieux*. — Deuxième partie: *Temps héroïques*.</small>

164. RECUEIL des plus belles pièces des poëtes françois, tant anciens que modernes, depuis Villon jusqu'à M. de Benserade. *A Paris, chez Claude Barbin*, 1692. 5 vol. in-12, v. gran.

165. REGNARD. Portrait et 11 figures de Moreau et Marillier pour l'édition de 1790.
<small>Suite complète et à toutes marges.</small>

166. REGNIER. Satires et autres OEuvres, accompagnées de remarques historiques. *A Londres, chez Jacob Tonson*, 1733. In-4, texte encadré, v. gran.
<small>Exemplaire avec les vignettes et fleurons décrits par Cohen.</small>

167. RENAUDOT. GAZETTE DE FRANCE et Nouvelles extraordinaires *du bureau d'adresses* (par Renaudot). *Paris*, 1638-58. 21 vol. in-4, vélin.
<small>Ce recueil, devenu rare. ne paraît pas avoir été relié avec suite. Il est entremêlé de numéros de la *Gazette* et des *Nouvelles*. C'est un choix de numéros curieux et intéressants.</small>

168. RÉTIF DE LA BRETONNE. Les Françaises, ou XXXIV exemples choisis dans les mœurs actuelles, etc. *A Neufchâtel, et se trouve à Paris*, 1786. 4 vol. in-12, figures, demi-rel. avec coins, mar. r. jans. tête dor. non rogné. (*Pagnant.*)

169. REYBAUD (L.). César Falempin, ou les Idoles d'argile. *Paris, Mich. Lévy fr.*, 1845. 2 vol. in-8 cart.
<small>PREMIÈRE ÉDITION.</small>

170. ROBINEAU DIT DE BEAUNOIR. Théâtre d'Amour. *A Cythère et à Paris, chez Cailleau*, 1783. 2 vol.

in-24, papier fort, mar. rouge, dent. tr. dor. (*Reliure ancienne.*)

171. Saint-Just. Organt, poëme en 20 chants. *Au Vatican*, 1789. 2 parties en 1 vol. in-18, v. f. fil. tr. r. (*Mennil.*)

L'auteur de ce poëme licencieux, qui rappelle souvent la *Guerre des Dieux* et la *Pucelle*, est le célèbre Saint-Just, député à la Convention nationale, qui partagea le sort de Robespierre au IX thermidor. Il est assez rare, parce que l'édition a été recherchée et détruite par l'auteur aussitôt sa publication qui avait produit un grand scandale.

172. Shakspeare. Le More de Venise Othello, tragédie, traduite en vers français, par le comte Alfred de Vigny. *Paris, chez Levasseur*, 1830. In-8, demi-rel. mar vert, tr. jasp.

Première édition.

173. Swift. Le Conte du tonneau, contenant tout ce que les arts et les sciences ont de plus sublime et de plus mystérieux, traduit de l'anglois. *A la Haye, chez H. Scheurleer*, 1732. 2 vol. in-12, figures. — Traité des Dissensions entre les nobles et le peuple dans les républiques d'Athènes et de Rome, et l'Art de ramper en poésie et l'Art du mensonge politique, traduits de l'anglois. *A Aléthobathopseudopolis*, 1733. In-12. Ensemble 3 vol. in-12, mar. rouge, jans. dent. int. tr. dor.

174. Swift. Voyages de Gulliver. *A Paris, de l'imprimerie de Pierre Didot l'aîné, an V*, 1797 (*et chez Bleuet jeune*). 2 vol. in-16, figures de Le Febvre gravées par L.-J. Masquelier, demi-rel. avec coins, mar. bleu, non rognés.

175. Swift. Voyages de Gulliver. *Paris, de l'imprimerie de Lahure, Alph. Leclère, éditeur*, 1860. 2 vol. in-16, figures de Lefebvre, demi-rel. mar. citr. avec coins, fleurons, mosaïque sur le dos, fil. tr. sup. dor. non rogné. (*Perrault.*)

Figures de Lefebvre gravées par L.-J. Masquelier, avant la lettre.

176. Tasso (T.). La Hiérusalem délivrée, poëme héroïque, traduit en vers françois par M. Le Clerc. *A Paris, chez Claude Barbin*, 1667. In-4, frontispice et 5 figures gravées, v. brun.
<small>Traduction des 5 premiers chants.</small>

177. Théâtre des boulevards, ou Recueil de parades. *A Mahon, de l'impr. de Gilles Langlois*, 1756. 3 vol. in-12, frontispice gravé au tome Ier, v. f. antiq.

178. Thevet. Les Singularitez de la France Antarctique, autrement nommée Amerique : et de plusieurs terres et isles decouvertes de nostre temps, par F. André Theuet, natif d'Angoulesme. *Paris, chez les héritiers de Maurice de la Porte*, 1558. In-4, fig. en bois, mar. rouge, fil. tr. dor. (*Chambolle-Duru.*)
<small>Bel exemplaire de l'édition originale.</small>

179. Thompson. Les Saisons, poème, traduit de l'anglais. *S. l. n. d.* In-18, cart. non rogné.
<small>Édition Cazin, ornée d'un frontispice et de 4 vignettes. Belles épreuves.</small>

180. Thucydide. L'Histoire de Thucydide, Athénien, de la guerre qui fut entre les Péloponésiens et Athéniens, translatée en langue françoise par feu messire Claude de Seyssel, lors evesque de Marseille et depuis archevesque de Turin. *A Paris, par Jehan Ruelle*, 1555. In-16 de 555 pages, non compris la table, parch. antiq.

181. Tuccaro. Trois Dialogues de l'exercice de sauter et voltiger en l'air. *Paris, Cl. de Monstr'œil*, 1589. In-4, fig. en bois, cuir de Russie, fil. tr. dor. (*Thouvenin.*)
<small>Très-bel exemplaire, avec la grande planche pliée. Il provient du cabinet de M. H. Bordes.</small>

182. Tyard (Pontus de). Mantice, ou Discours de la vérité de Diuination par Astrologie. *Paris, Ga-*

liot du Pré (1573), 2 ff. prél. 114 pages et 1 f. d'errata. — Solitaire premier, ou Dialogue de la fureur poétique. Seconde édition, augmentée. *Paris, Galiot du Pré* (1575). 2 ff. prél. et 68 pages (la dernière mal cotée 98). 2 part. en 1 vol. in-4, veau f. (*Anc. rel.*)

<small>Très-beaux exemplaires, d'une hauteur de 234 millimètres. Sur le titre de la première pièce un timbre de bibliothèque particulière, imprimé en or.</small>

183. ULBACH (L.). Gloriana. *Paris, Coquebert*, 1844. In-8, broché (couverture imprimée).
    PREMIÈRE ÉDITION.

184. VALLON (H.). Jeanne d'Arc, édition illustrée d'après les monuments de l'art depuis le xve siècle jusqu'à nos jours. *Paris, Firmin-Didot*, 1876. Gr. in-8, figures noires et en couleurs, demi-rel. mar. vert, plats est. dorés, tr. dor.
    Exemplaire de PREMIER TIRAGE.

185. VIGNY (le vicomte Alfred de). La Maréchale d'Ancre, drame, avec un dessin de M. Tony Johannot. *Paris, Ch. Gosselin et Barba*, 1831. In-8, figures, br. (couv. imprimée).

186. VIGNY (le comte Alfr. de). Poèmes antiques et modernes. *Paris, Urbain Canel*, 1826. In-8, demi-rel. mar rouge, tr. sup. dor. (*Petit.*)
    Édition originale avec envoi autographe signé de l'auteur.

187. VIRGILE. Publii Virgilii Maronis Bucolica, Georgica et Æneis. *Argentorati, typis Philippi Jacobi Dannbach*, 1789. In-4, mar. bleu, fil. tr. dor. (*Rel. ancienne.*)
    Magnifique exemplaire en papier vélin de l'une des meilleures éditions de Virgile.

188. VIRGILE. P. Virgilii Maronis Opera, nunc emendatiora (ex recensione D. Heinsii). *Lugd. Batavor., ex officina Elzeviriana*, 1636. Pet. in-12, mar. rouge, fil. dos à petits fers, tr. dorée,

dans un étui de mar. bleu. (*Trautz-Bauzonnet.*)

Charmant exemplaire de la bonne édition.
Hauteur : 124 millimètres.

189. Voltaire. La Pucelle d'Orléans, poëme divisé en 15 livres, par M. de V... (Voltaire). *Louvain,* 1755. In-12, cart. tr. dor.

Édition originale.

190. Voltaire. L'Homme aux quarante écus. *S. l.,* 1768. In-8, cart. en vélin blanc, non rogné. (*Raparlier.*)

Édition originale.

191. Voltaire. L'Ingénu, histoire véritable tirée des manuscrits du père Quesnel. *A Utrecht,* 1767. In-8, cart. sur brochure.

Édition originale.

192. Vriese (Vredeman). Caryatidum, vulgus termas vocat, sive Athlantidum multiformium ad quemlibet architecturæ ordinem accommodatarum centuria prima in usum huius artis candidatorum excogitata. (*Antverpiæ, Ger. de Jode exc., s. d.*) In-fol. titre et 16 planches, non rel.

Cette belle suite d'ornements, qui sont ici en épreuves originales, est incomplète de la planche 8.

193. Watelet. L'Art de peindre, poëme, avec des réflexions sur les différentes parties de la peinture. *A Paris, de l'impr. de H.-L. Guérin et L.-F. Delatour,* 1760. Pet. in-8, frontispice et vignettes gravées, demi-rel. avec coins, mar. bl. tête dor. n. rog. ébarb.

---

194. Jehan Foucquet. Heures de maistre Estienne Chevalier, trésorier du roi Charles VI. Reproduction des 40 miniatures appartenant à M. Louis Brentano, de Francfort-sur-le-Mein, avec un texte

composé de l'office de la Vierge, l'office de la Passion, prières aux saints et aux saintes, et de lectures de prières, par M. l'abbé Delaunay. *Paris, L. Curmer,* 1866. 2 vol. gr. in-8, marb. planches en chrom lith. demi-rel. avec coins, mar. r. têle dor. non rognés.

195. Le Pautre. Album de figures de Jean Le Pautre. *Paris, P. Mariette,* 1681. Environ 100 planches remontées en 1 vol. in-fol.

<small>Nouveaux dessins de cheminées à l'italienne, cheminées à la moderne, cheminées à la romaine, portes cochères, ornements et plafonds, jets d'eau, trophées à l'antique, frises, feuillages et autres ornements à l'italienne, fontaines et cuvettes, vases à la moderne, livre de parterres, etc.</small>

196. La Fosse. Album de figures inventées et dessinées par J.-C. de la Fosse, architecte. Environ 200 planches remontées en 1 vol. in-fol. demi-rel. mar. vert.

<small>Recueil des portes, cheminées, pyramides, cartouches, monuments, bordures, vases, tables, allégories, trophées, décoration pour cheminées, etc., attributs militaires, piédestaux, frises, etc., sujets mythologiques, ornementation, etc.</small>

197. Labarthe. Histoire des Arts industriels au moyen âge et à l'époque de la renaissance, par Jules Labarthe. *Paris, A. Morel,* 1864-1866. 4 vol. in-8 de texte et 2 vol. in-4 de planches en chromolith. et photogr. demi-rel. mar. noir, tr. jasp.

198. Les Ruines de Palmyre, autrement dit Tedmor au désert (par Robert Wood). *A Londres, chez A. Millar,* 1753. In-fol. 57 planches gravées, mar. rouge, dos orné. fil. tr. dor. (*Reliure ancienne.*)

<small>Bel exemplaire en GRAND PAPIER. La reliure est d'une grande fraîcheur.</small>

199. Le Blason des ǁ couleurs en armes, livrées et devises. ǁ Sensuyt le liure tres vtille et subtil ǁ pour sçauoir et cognoistre dune et chas ǁ cune couleur la vertu et p̄priété. En ǁ semble la ma-

nière de blasonner les || dictes couleurs en plusieurs choses pour apprē || dre a faire liurées, deuises, et leur blason nou || uellement imprimé à Paris. *On les vend à Paris, en la rue neufe nostre Dame a l'enseigne Sainct Nicolas. S. d.* In-16, 4 ff. n. ch. 53 feuillets chiffrés, car. goth. fig. coloriées, mar. rouge, jans. dent. int. tr. dor. (*Claessens.*)

<small>Exemplaire grand de marges d'une édition rare. Elle ne ressemble point aux éditions citées au *Manuel*.</small>

200. FROISSART (Jehan). Le Premier (le second, le troisième et le quart) volume des Chroniques de France, Dangleterre, Descoce, Despaigne, de Bretaigne, de Gascongne, de Flandres et lieux circonvoisins. *Cy finist le quart volume de messire Jehan Froissart... Imprimé à Paris, l'an de grâce mil cinq cens et treize le VIIIe iour de juillet pour François Regnault, libraire, demourant en la rue Sainct Jaques a lenseigne Sainct Claude* (1513). 4 tomes en 3 vol. in-fol. car. goth. texte à 2 col. reliure en bois recouverte de mar. la Vall. comp. à froid fleurdel. dent. int. tr. dor.

<small>Cette édition est décrite dans le *Manuel* avec la marque de *Guill. Eustace* et non celle de *Fr. Regnault*.</small>

Paris. — Typ. Georges Chamerot, 19, rue des Saints-Pères. — 9305.

www.ingramcontent.com/pod-product-compliance
Lightning Source LLC
Chambersburg PA
CBHW060702050426
42451CB00010B/1234